LES BALLES PERDUES DE DAVID VOINSON

ISBN : 978-2-412-08690-2
Dépôt légal : mai 2023
Imprimé en Espagne par Egedsa
Responsable éditoriale : Cyrielle Londero-Gobry
Éditrice : Hélène Boursin
Correction : Cécile Chavent
Mise en pages : Fabrice Del Rio Ruiz
Illustrations intérieures : © shutterstock

Éditions First, un département d'Édi8
92, avenue de France
75 013 Paris – France
Tél. : 01 44 16 09 00
E-mail : firstinfo@efirst.com
Site Internet : www.editionsfirst.fr

LES BALLES PERDUES DE DAVID VOINSON

Générateur de **punchlines** face aux relous

FIRST
ÉDITIONS

INTRO

On croise des lourds un peu partout : des messages privés jusqu'en soirée, dans la rue ou au travail. Ici, on va parler de la *Champions League* des gros relous.

Le Mbappé des forceurs, celui qui comprend pas quand tu lui dis clairement les choses et qui va te mettre une douille en pleine lucarne, tu vois de qui je parle ?

Combien de fois je suis rentré chez moi après une dispute ou un moment gênant, et en y repensant, je me disais : « mais voilà, c'est ça que j'aurais dû lui dire ! »

Une punchline, c'est LA phrase que t'as envie de sortir pour clouer le bec à la personne en face de toi, qui la fera bégayer et la laissera sans voix pendant que toi, trop fière de ce que tu lui as envoyé, tu le raconteras à tous tes potes.

À force de rejouer ces disputes dans ma tête, j'ai rassemblé les meilleures punchlines, que je vous livre ici, pour ne jamais être à court de repartie.

SOMMAIRE

L'ex relou 9
Dire non 29
Sexe 51
After sexe 71
Confiance en soi 83
En *date* 97
Sortir 109
En soirée 121
La dick pic 145
Dans la rue 155
Célibat 161
Summer 179

L'EX RELOU

Le problème de notre époque, c'est qu'il y a tellement de types de relations qu'on ne sait plus vraiment qualifier un ex. Est-ce que c'est la personne à qui on a donné notre cœur mais qui a confondu don et destruction, ou bien la personne qu'on a fréquentée le temps d'une virgule, on y a mis un point sauf qu'à ses yeux c'est plutôt 3 points de suspension ?

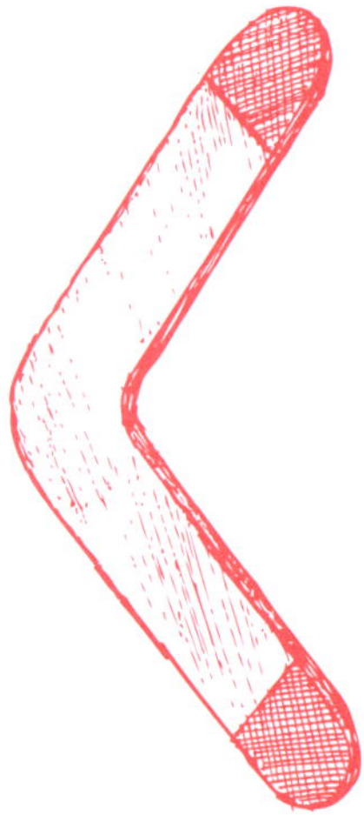

Arrête de revenir vers moi, t'es pas un boomerang, j'te rattraperai pas.

Retiens une chose :

tu es mon ex,
comme dans
EXaspérant
EXécrable
EXcuse-toi
barre-toi.

Si tu sais pas ce que tu veux, prends pas une meuf mais un abonnement Netflix, t’auras plus de choix !

Tu me manques.

Oh… Bah écoute, si t’es nostalgique, regarde un film en noir et blanc, chante du Colonel Reyel, mais ça sera sans moi.

Si la connerie avait un visage, elle aurait tes yeux.

TOI ET MOI C'EST FINI, F-I-N-T-M.

Pourquoi
je retournerais
avec toi ?
Tu remets
tes fringues
qui sont
au sale ?

Tu me manques.

Du verbe « manquer » au présent ?

Oui.

Ah c'est drôle, moi quand je pense à toi, c'est plutôt au passé.

**Oh oui,
remettons-nous
ensemble !
J'ai toujours
rêvé de faire de
l'humanitaire.**

J'AI PAS DE TEMPS À PERDRE AVEC UN INDÉCIS. DERRIÈRE CE SEIN QUI FAIT VRILLER, IL Y A UN CŒUR QUI VEUT BRILLER.

Tais-toi, bourreau des culs, j'ai des cœurs à faire chavirer.

Tu m'as fait autant pleurer que mouiller, t'es fan de plongée ?

J'AI UNE GUEULE DE REPLAY ? TU ME REVOIS QUAND TU VEUX ?

Je t'appartiens ?
Tu m'as loué ?
T'as posé un bail
sur mon boule ?
Non ? Bah alors !

J'ai changé.

T'as changé quoi, de disquettes ? Allez, sors-moi ton violon, maestro !

BONNE CONTINUATION, FDP ! ET JE PARLE PAS DES FRAIS DE PORT.

**Avec toi,
je me suis pris
un mur et tu me
proposes quoi ?
De reconstruire
le même ?**

J'AIME TE REVOIR, ÇA ME RAPPELLE DE PRENDRE LA PILULE.

J'ai changé.

T'es comme l'iPhone 6 : j'ai aimé t'avoir en main, maintenant j'ai évolué.

DIRE NON

On a beau ne pas être intéressé, dire non ou même ne pas répondre, il y a des individus fascinants sur cette terre qui continuent d'insister et qui pensent qu'en forçant, on changera d'avis.

Alors si en ce moment, une personne ne comprend pas ton manque d'intérêt pour elle, voici les punchlines que tu peux lui sortir... à mon avis, le message sera bien passé.

On prend un verre ?

Pas la peine
de se déplacer
pour me soûler,
tu le fais déjà
très bien par
message.

QUELLE SYLLABE TU NE COMPRENDS PAS DANS LE MOT « NON » ?

Avec vous,
le mot « non »
c'est comme le mot
« engagement »,
quand votre
cerveau l'entend,
il passe en mode
Avion.

Ça fait plusieurs fois que je refuse tes avances et tu n'as pas l'air de comprendre, je dois faire quoi ?

Insulter tout ton arbre généalogique ?

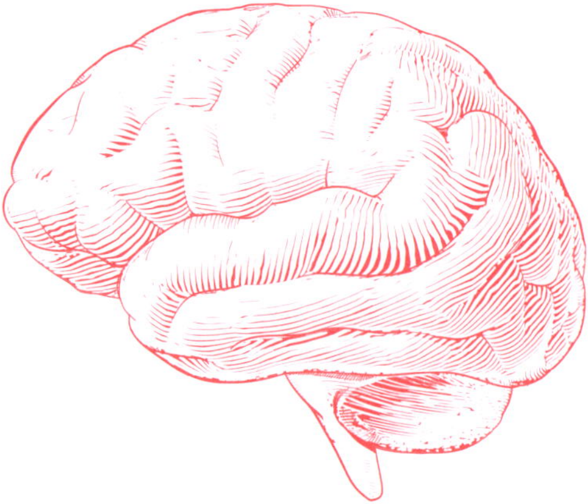

T'ES CON OU MENTALEMENT EN 3G ?

T'es tellement bête, tu devrais appeler la Sécurité sociale, si ça se trouve, tu seras remboursé.

Tu vois, pour que ça marche entre deux personnes, faut que le courant passe, sauf qu'entre toi et moi y a un court-circuit.

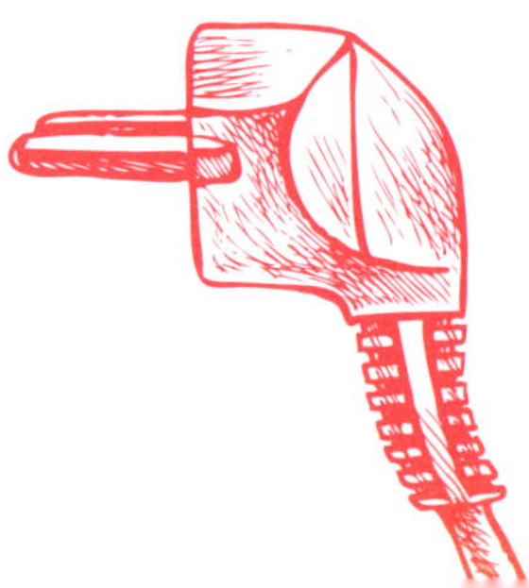

Si tu pouvais fermer ta bouche, qui de manière générale, pue la défaite.

Si j'ai bien compris,
tu veux prendre
mon cœur ?

Oui.

Alors là, tout ce
que t'arrives à me
prendre, c'est la tête,
c'est con : à 40 cm
près t'étais bon !

IL A ÉTÉ ÉDUQUÉ AU RALENTI CELUI-LÀ.

Toi, t'es tellement idiot que quand tu vois « Poussez » sur une porte, tu la tires ?

No ! Nein ! Het !

Ça veut dire « non » dans d'autres langues, vu qu'en français tu le comprends pas.

T'as cru que j'étais un dos ou quoi ? Plus tu forces, plus je vais craquer ?

Tu me fais de la
peine à insister,
on dirait un chien
en rut qui cherche
un poteau.
JE SUIS UN LAMPADAIRE,
mon grand,
et j'ai pas envie
d'éclairer ta vie.

T'es têtu ou teubé ?

Faut consulter, mon grand !

T'AS SIGNÉ UN CDI DANS LA CONNERIE, TOI ?

Je ne suis pas intéressée,
ni par ta tête
ni par ta voix.
T'es un maxi
Best Of
de néant.

Salut FDP, c'est
la pauvre meuf
qui te parle :
Alors comme ça,
on s'énerve ? Il a mal
à son égo, le narvalo !
Je suis un missile
mais tu seras jamais
mon pilote.
Donc t'es mignon,
tu fais comme
ta teub et tu restes
discret. Bisous !

Si tu manques d'affection, appelle ta mère, réglez le problème en famille, mais ça sera sans moi.

Des meufs,
y en a plein,
ta réputation
t'en as qu'une,
ça serait bête
de la détruire
COMME TON ÉGO.

BARRE-TOI DE MA VUE AVANT QUE JE T'EN LÂCHE UN.

SEXE

AVERTISSEMENT.

Pour moi, il est important de vous avertir que les punch' qui vont suivre sont à sortir au bon moment et surtout avec la bonne personne. Parce que là, on parle de phrases qui peuvent vexer et entraîner une thérapie sur trois générations (minimum).

En débrief avec des potes, vous pouvez vous lâcher un peu. Mais le sexe est un moment intime, où la communication prime pour que tout le monde passe un bon moment, dans le respect mutuel.

Je veux pas d'un mec qui me prenne la tête, le cou à la limite...

Servez-moi ce que vous voulez, de toute façon, **C'EST PAS ÇA QUE J'AI ENVIE DE PRENDRE.**

RELATION, C'EST AVEC UN R, PAS AVEC UN F.

Ce soir, on boit et tu me mets les 12 coups de minuit, 13, 14... : si y a du rab, je prends !

On fait sans capote ?

Je fais déjà sans sentiments et sans convictions, on va pas en rajouter.

T'as pris un préservatif ? Oh c'est mignon, mais ça c'est l'apéro. Avec moi, il va te falloir un camion de capotes, mon grand.

J'suis un appareil électroménager ? 30 jours d'essai avec retour gratuit ?

Ta tête,
c'est vraiment
un bon moyen
de contraception.

T'as visité tellement de meufs que tu peux faire le Tripadvisor du clito.

C'était comme un brossage de dents, 3 minutes et au lit.

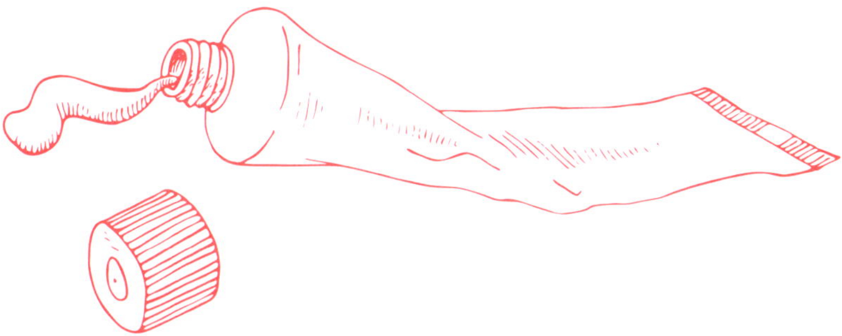

J'suis refroidie mon grand, dépêche-toi ou tu devras m'appeler PICARD.

T'as couché avec beaucoup de filles ?

Pourquoi ?

Bah, je veux savoir si t'as des principes ou si ta teub est en libre-service.

Si j'étais une île,
mon point G
ça serait le trésor,
donc creuse-toi
la tête pour
le trouver.

Eh le Mbappé du missionnaire, c’est pas parce que tu la mets dedans que t’es en ligue 1 au lit.

Il a galéré
à mettre
la capote,
il me faisait
tellement
de peine,
j'ai hésité
à lui filer
un sac-poubelle.

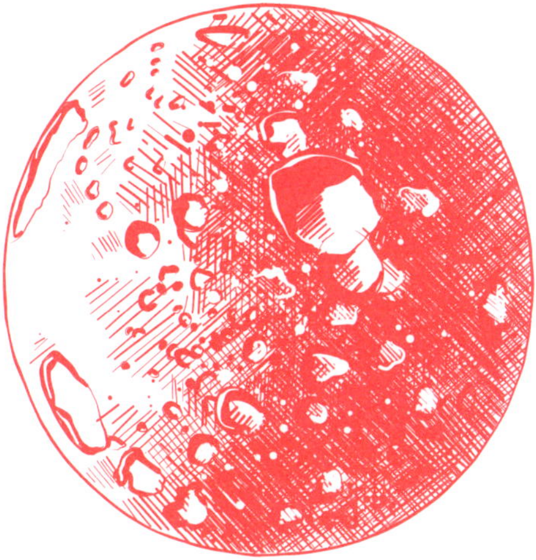

J'SUIS UNE ÉCLIPSE, TU TE PROTÈGES ET TU CONTEMPLES.

METS LA CAPOTE, JE COLLECTIONNE DÉJÀ LES FDP, FLEMME DE COLLECTIONNER LES MST.

Tu te protèges ou tu poses une tente, là ? 3 secondes à la sortir mais 1 heure à la mettre.

J'ai pas de capote mais t'inquiète, fais-moi confiance.

Ok, je te fais confiance. En plus, j'ai toujours rêvé d'avoir un enfant, on l'appellera Matéo. Je t'aimerai plus donc tu me fileras une pension alimentaire, et pour son éducation, je manquerai pas de lui dire que son papa est le roi des tarbas.

AFTER SEXE

Dans la vie, il y a moult situations gênantes (j'adore le mot « moult », laissez-moi l'employer, s'il vous plaît, j'ai l'impression d'avoir fait des études littéraires).

Comme par exemple, trébucher dans un escalier, appeler ton nouveau copain par le prénom de ton ex ou encore porter des Crocs… Moi, je trouve ça gênant.

Une des pires situations, qui rentre direct dans le Top 5 gênance, est de ne pas savoir quoi dire quand ton mauvais coup d'un soir veut rester dormir chez toi après avoir copulé (comme pour « moult », ne me jugez pas).

Je peux dormir ici ?

Pourquoi ? T'as pas de chez-toi ? Han mais je savais pas, écoute, bouge pas, j'appelle mes potes, on va ouvrir une cagnotte Leetchi.

**J'te préviens :
pas de fellation, non.
Ève, le fruit défendu,
elle l'a pas bouffé
le premier jour !
CQFD.**

J'ai rien senti, je voulais lui dire : « T'es dedans, t'es chez la voisine, t'es où, là ? »

Je peux dormir ici ?

Bien sûr !
Et comme ici,
c'est un hôtel,
demain matin j'irai
à la boulangerie
chercher
des croissants
et des chocolatines ;
tu es plutôt
café ou thé ?

On devait pas s'envoyer en l'air ? Non parce que y a eu des secousses, **MAIS J'AI PAS DÉCOLLÉ.**

Je peux dormir ici ?

Alors je crois qu'il reste des métros... des bus, des tram... la vie ne s'est pas arrêtée, 'fin je crois pas.

J'veux bien être gentille mais y a des limites, c'est pas les restos du cul ici.

Je sais qu'au lit
j'suis un grand
huit, mais quand
tu sors de
l'attraction,
dis au moins
au revoir.

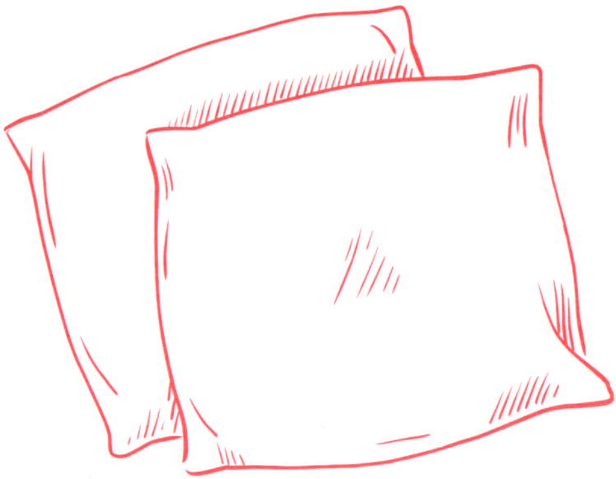

**Ah tu dors ici ?
Pourquoi ? T'as une
passion pour ma literie,
t'es fan de ma couette ?**

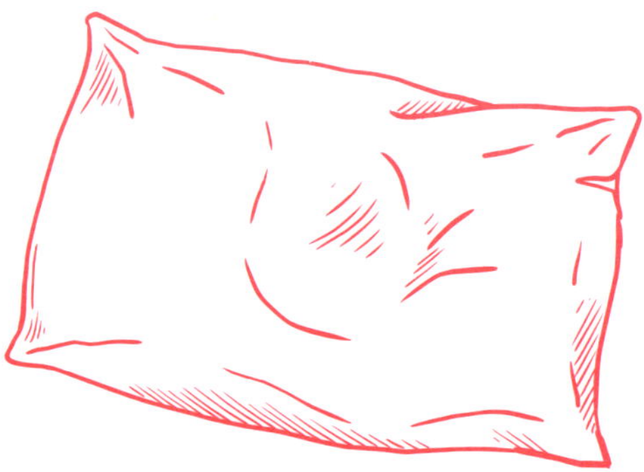

Tu veux un massage ?

Pourquoi, t'es kiné ? Moi je fais des bêtes de lasagnes, pourtant je t'en propose pas à 2 heures du mat'.

**T'as fini ?
Bah tu vois,
on s'est fait
chier à trouver
une playlist
alors qu'une pub
aurait suffi.**

CONFIANCE EN SOI

Honnêtement ? T'es loin d'être parfaite, mais c'est pas une raison pour t'empêcher de briller tel un diamant. Ne doute jamais de toi ou alors fais-le discrètement pour ne pas casser ton *sex-appeal* légendaire.

Voilà des punch' que tu peux sortir autour d'une table pour te *glow-up* (te « surclasser », si jamais t'as pas Internet et que tu vis au fin fond de la Creuse… et je ne critique pas la Creuse, j'adore « L'Amour est dans le pré »), ou devant un miroir le matin pour passer une belle journée !

Soyez fan de moi, ça sera la chose la plus sensée de votre journée.

Pourquoi tu veux jouer sur plusieurs tableaux quand t'as la *Joconde* **DEVANT TOI ?**

Une fourchette, un couteau, mon corps : je crois que le repas est servi.

JE SUIS L'OFFRE, TU ES LA DEMANDE.

Le problème des **moches**, c'est qu'ils ont un **capital sympathie** qui déboîte.

Derrière ce boule qui chamboule, y a un cœur qui bat.

On ne me drague pas, **ON ME SURPREND.**

On ne me parle pas, **ON M'ENVOÛTE.**

On ne me regarde pas, **ON M'ADMIRE.**

Le problème d'être un missile, c'est qu'à un moment tu contrôles plus le trajet.

Je te demande pas de me comprendre, mais de me contempler.

J'suis tellement loin pour toi, que je t'entends en ASMR.

Chacune de mes courbes est gracieuse, j'suis une poule au fiac d'or.

Conseil :

Si tu te dis ces phrases avant un *date*, fais-le en écoutant du Beyoncé, y a rien de mieux.

EN DATE

Aujourd'hui, boire un verre en terrasse en partageant un pot d'olives peut être le début d'une belle histoire d'amour… ou d'un grand moment de malaise.

Face à une personne que tu ne connais pas, les blancs et incompréhensions s'accumulent, tu rêves de ton lit et hésites même à partir en courant, avant de te souvenir que ton cardio est aussi éclaté que ta vie sentimentale.

Honnêtement, je ne pense pas qu'en disant ces punchlines, vous vous quitterez en bons termes, mais au moins tu auras bien ri, et ça, ça n'a pas de prix !

Bah vas-y raconte-moi ta journée, quitte à s'ennuyer autant faire du social.

Tu prends quoi ?

Je sais pas si j'ai
envie de boire
pour t'oublier ou te
supporter.

Non, pas de rhum coca, ça c'est pour les mecs qui roulent en Y, ont un compte en banque en PLS, et un prénom qui se termine par « an » (Dylan, Jordan, Bryan).

Conseil :

Soyez originaux,
on veut pas être
comme toutes
les ploucs que
vous « datez »
en terrasse.

Et écoutez-nous
vraiment :
tu veux manger
ma bouche ?
**ALORS BOIS
MES PAROLES.**

T'es comme un téléfilm de Noël : visuellement sympa, mais au bout de 5 minutes, on zappe.

C'est quoi ton style ?

J'ai pas de style en particulier, donc t'as toutes tes chances.

Je sais pas comment le prendre.

Prends-le, ça sera le seul truc que tu prendras ce soir.

Pourquoi t'insistes
pour m'inviter ?
Toi, t'as cru que
2 chardonnays,
ça allait te suffire
pour me soulever.

Voilà comment ça s'est terminé avec mon ex…

Ça fera 50 €.

Quoi ?

Pour la consultation. Tu me parles de ton ex depuis tout à l'heure, ça va, **je suis pas ta thérapute**.

Conseil :

Les filles, allez-y
sans pression,
n'oubliez pas qu'à
votre époque,
y a plus de boulets
que de canons.

Je vais y aller.

Déjà ?

Ah bon tu dis « déjà » ? Parce que moi, j'ai l'impression que ça fait une éternité !

Conseil :

On veut un mec beau,
mais qui ne sait
pas qu'il est beau.

Arrêtez de parler que
de vous, c'est un *date*
ou une interview ?

Vos muscles,
en drague, on s'en
tape, t'es musclé
et alors ? Je parle
à des abdos ?
Je rigole avec
un pec' ? J'épouse
un mollet ?

SORTIR

Tu la connais, cette soirée où tu veux tout donner ? Être la meilleure version de toi-même pour vivre ta meilleure vie (et accessoirement faire paniquer ton banquier le lendemain) ? Cette *night* où ta pote devient ton bras droit, et surtout ta complice, qu'après 2 shots tu vas faire que des conneries que tu regretteras le lendemain à 7 heures (si jamais tu es bien rentrée chez toi).

Ces punchlines sont l'apéro de cette soirée, la bande-annonce de la dinguerie que sera ta vie, à lire en se préparant devant le miroir.

CE SOIR, ON SORT OU ON DÉFILE ?

On se fera insulter sur le trajet mais au moins on aura de belles stories.

CE SOIR,
C'EST SOIRÉE
PIQUE-NIQUE :
TOI TU PIQUES,
MOI JE NIQUE.

Ce soir, j'ai envie
d'être libre mais
inaccessible,
vulgaire mais chic,
chaudasse
mais classe.

Basket ou talon ? Basket je danse, talon je ken.

ON EST UN BINÔME, JE TE RAPPELLE, JE SORS, TU ME SORS.

Je vais mettre une robe moulante, deux mois que je me tue à la salle, faut que mon boule chamboule.

CE SOIR, JE FAIS LA MEUF OU JE FAIS LA FEMME ?

Tu mets
ce haut-là ?
Ah ouais,
toi tu veux l'after
avant le before.

Mais non, c'est pas trop court, ce soir je serai en décapotable, c'est tout.

EN SOIRÉE

Ça y est, tu es à la soirée. Lieu parfait pour danser, t'amuser, et tester ta repartie face à une horde d'animaux qui te voient comme une proie.

Ton boule les chamboule, tes yeux les rendent heureux (encore faut-il qu'ils te regardent dans les yeux). Malheureusement, ce soir, t'attires plutôt des fins de séries que des morceaux de premier choix.

Ne panique pas, voici des punchlines simples et efficaces à sortir avec ton plus beau regard hautain et une assurance qui les fera paniquer et rentrer chez leur maman.

J'te paye un verre ?

Ah, donc tu veux me soûler autrement que par ta voix ?

Les gens me connaissent, je ne connais pas les gens.

Principe.

Le respect
avec toi, c'est
comme une coque
d'iPhone, tu es
fourni sans et
il faut le demander
pour l'avoir ?

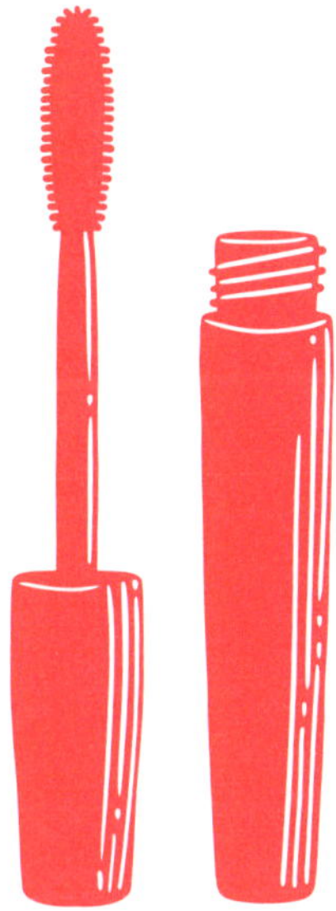

J'AI MIS DU MASCARA NOIR, C'EST POUR PARAÎTRE MYSTÉRIEUSE, PAS POUR ME TAPER LE PREMIER VENU.

J'te paye un verre ?

Alors un verre non, mais une bouteille oui, *tu veux quoi, meuf ? Champagne ?* Ok champagne ! *Oh ça va, meuf,* ***il a de l'espoir, on a à boire.***

TU NE DÉGAGES RIEN, J'AIMERAIS QUE TU DÉGAGES PAR CONTRE !

Écoute, t'es venu, t'as bu, t'as perdu.

Veni, Vidi, Tant pis.

J'te paye un verre ?

Si ce que t'essayes de me dire c'est : « Est-ce qu'avec une vodka-Red Bull à 8 balles t'as des chances d'insérer ton pénis dans mon vagin », la réponse est non !

Dis-moi, la transpiration que t'as sous tes bras, c'est pour noyer ton manque de charisme ?

Ton avis, c'est comme un Lacoste TN : on sait que ça existe, mais on le prend pas.

En fait, chez vous les mecs, nous respecter, c’est comme trouver notre point G… Rare.

Range ta main mon grand, je vais t'enclencher tu vas appeler ta mère.

**Dégage, sinon
les glaçons que t'as
dans ton verre,
j'vais te les foutre
dans ton boule
et ça fera de
la glace
pilée.**

T'es belle !

Attends,
excuse-moi.

Tu cherches quoi ?

Mon intérêt
envers toi, mais
je le trouve pas.

Moi,
compliquée ?
Absolument pas,
passé 2 heures
avec un shot
tu me chopes.

Mon talon de 12,
tu vas le prendre
en frontal,
tu vas devenir
une licorne.

J'ai un copain.

J'suis pas jaloux.

Heureusement que t'es pas jaloux ! T'es déjà bourré et mentalement fissuré, si en plus t'étais jaloux...

Range tes mains narvalo, ma cuisse c'est pas un iPhone, tu la déverrouilles pas avec ton doigt.

Me touche pas, sinon tu vas jouer dans la suite d'*Intouchables*.

Tu devrais mettre une capote sur la tête, pour protéger les filles de ta mentalité.

« LAISSE TOMBER »

Si tu veux comprendre ce que l'autre dit, il faut s'attacher à l'intonation.
Y a le « laisse tomber » sec. Là, ça veut dire :
« Barre-toi ou j'vais t'emplâtrer contre un mur, on t'appellera "porteur". »
Y a le « laisse tombeeeer ! », qui veut dire :
« Je te raconte même pas ! Mais je vais quand même le faire parce que j'adore te raconter ma vie ! »

Souris un peu !

Sourire, c'est quand
on est heureuse,
ta présence me
rend dépressive.

LA DICK PIC

Que dire quand, venu de nulle part, sans crier gare, un zizi furtif arrive sous tes yeux ?

Sur le téléphone hein, si ça arrive dans la vraie vie, fais-moi le plaisir de mettre un grand coup dedans et de courir plus vite qu'au cross du collège.

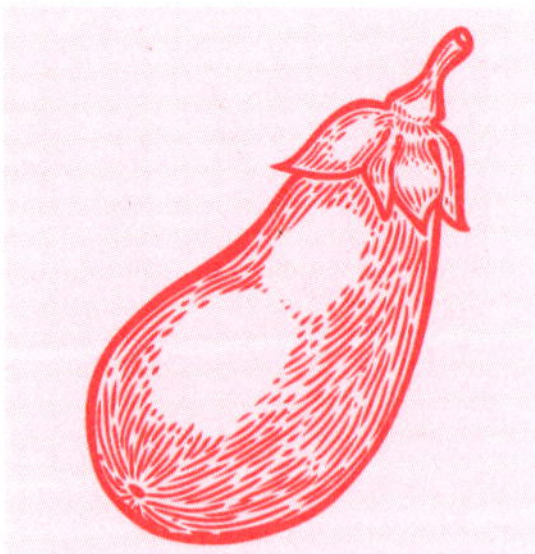

J'ai pas fait LV2 bite,
va falloir expliciter.

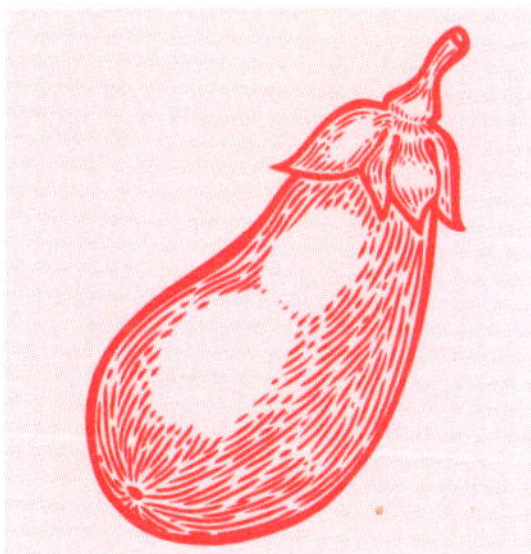

Ah bah tu tombes bien ! Il me faut un objet pour caler ma table, pour une fois, tu me serviras à quelque chose.

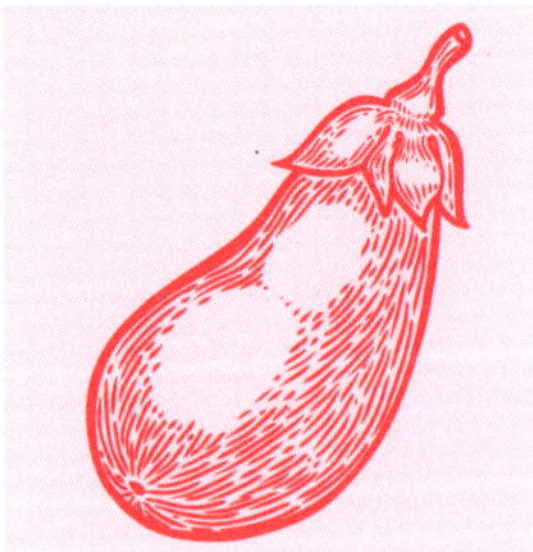

Oh j'adore ! Tu la coupes en fines lamelles, avec à côté une petite purée de patates douces, c'est un régal. Ah oui, je t'ai pas dit ? J'suis cannibale.

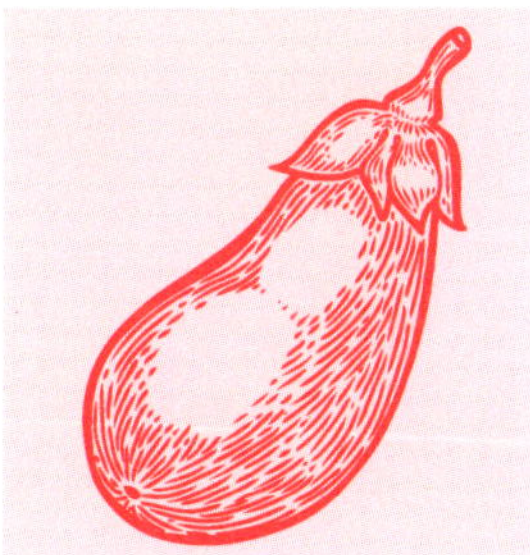

En plein repas de famille avec mon père commissaire de police à côté, t'as bien choisi ton moment, toi ! Promis, je viendrai pendant ta garde à vue et on en rigolera.

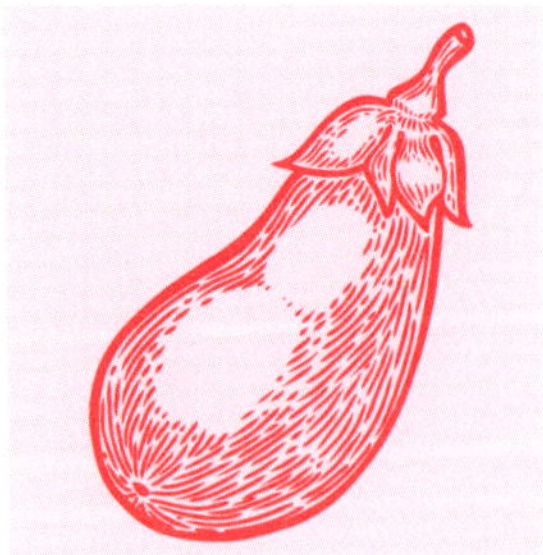

Une princesse
ne mérite que
de la saucisse
de Morteau,
pas de Knacki.

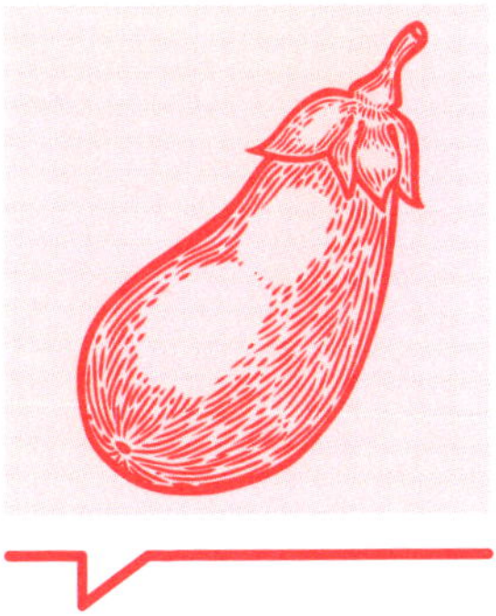

C'est quel type
de rongeur, ça ?

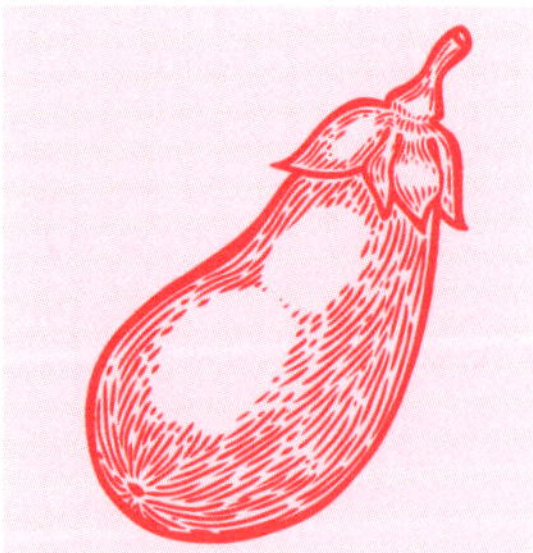

Courte et serrée,
un ristretto quoi.

Conseil :

N'essaye pas d'engager la conversation avec lui, pour une question logique de perte de temps. Il va se vexer et s'énerver verbalement, ça serait dommage que ce tocard prenne encore plus de place dans ton esprit !

DANS LA RUE

Une tenue légère, et leurs esprits s'échauffent !

Combien de fois t'es-tu déjà pris une remarque dans la rue, tu ne fais que marcher mais pour eux c'est un défilé, tu rentres juste chez toi mais pour eux tu les provoques… Oui, là on fait face à des individus avec un QI proche du néant.

Ah ouais, t'es chaude !

Non, J'AI CHAUD*, mais continue de me parler, je sens que tu me refroidis, c'est trop bien !

T'as de belles formes !

Si seulement j'pouvais en dire autant de toi !

T'es belle !

Oh merci !
Visuellement, toi,
tu me fatigues !

Salope, va !

À force de dire de la merde, tu vas finir par avoir une couche sur ta bouche.

T’es proctologue ?

Quoi ?

Je sais pas, depuis
tout à l’heure,
tu fixes mes fesses,
je dois te rappeler
le boulot.

CÉLIBAT

Tellement célibataire que ça y est, tu envisages de vivre seule au milieu d'une forêt sans personne pour t'emmerder, d'adopter 8 chats et 1 lapin parce que « eux au moins, ils me comprennent ».

Je ne juge pas, je respecte, surtout aujourd'hui : comment faire confiance à quelqu'un... Tu t'es déjà posé cette question ? Alors oui, t'as franchi une étape dans la solitude.

Les punch' qui arrivent ne vont pas te rassurer, mais c'est comme une vodka-Red Bull en soirée : on dilue le mal.

J'suis destinée à sortir qu'avec des *bad boys* au mental de chips, mon vagin c'est la cour des miracles.

LES MECS, VOUS ÊTES COMME DES iPHONE, DES iBÂTARDS : ON PREND CHER POUR AU FINAL PAS BEAUCOUP DE NOUVEAUTÉS.

Mes DM c'est
un chenil : si je
te parle c'est que
je te surclasse…
je te fais un schéma
ou la douille
a compris
le canon ?

J'aimerais un mec attentionné, vous savez, l'attention, c'est le truc que vous faites avant de nous ken et qui disparaît juste après.

JE SAIS QUE T'AS DES VUES SUR MOI, MAIS **PAS BESOIN D'EN LÂCHER.**

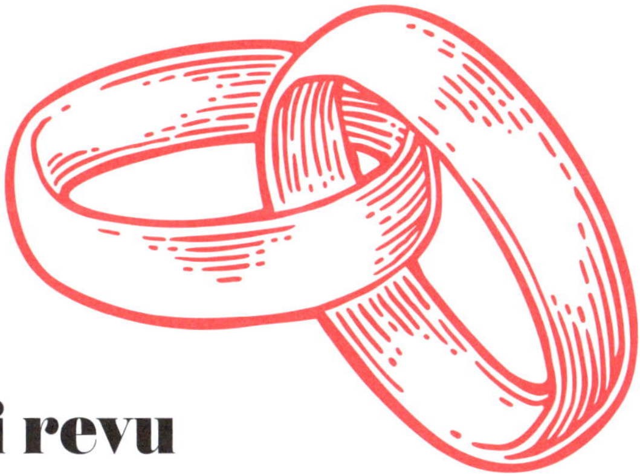

**J'ai revu
mes critères
à la baisse :
si t'es gentil et
que tu sais cuisiner,
sors la bague,
on part pour vingt ans.**

Mon boule, c'est pas Amazon Prime, il est pas livré chez toi sous 24 heures.

Je suis sentimentalement en 3G, **PERSONNE ME CAPTE.**

Je tombe que sur des chiens : sur ma vie, j'vais ouvrir un refuge.

Quand un mec me plaît, il disparaît aussi vite que la carrière de Sheryfa Luna.

Y a que des mecs en chien qui me parlent, je fais quoi, un remake des *101 dalmatiens* ?

**Les mecs,
c'est comme
les plats Uber
Eats : on sait
pas comment
ça va arriver,
il manque
parfois un truc
mais au moins,
on a bouffé.**

Je tombe que sur des quilles : sur ma vie, j'vais ouvrir un bowling.

JE SUIS UNE MAGICIENNE : DÈS QUE JE M'INTÉRESSE À UN MEC, IL DISPARAÎT.

À ce niveau-là,
c'est plus
une distance,
c'est un décalage
horaire.

J'SUIS TELLEMENT FATIGUÉE DE LUI COURIR APRÈS QUE J'AI DES CERNES AUX PIEDS.

Je ne comprends pas les hommes, les hommes ne me comprennent pas… Tentons la zoophilie !

SUMMER

J'ai toujours préféré l'été à l'hiver, d'ailleurs quand je pose cette question en *date*... Je vais m'arrêter là parce que j'avoue que dire « tu préfères l'été ou l'hiver » en *date*, c'est vraiment naze, bref !

Le soleil qui fait frétiller ta peau, les cocktails face à un *golden hour*, le rythme « plage-apéro-dodo », c'est magique... Mais y a toujours un relou pour venir gâcher le moment. Alors pour sauver ton été, voilà quelques punch'.

Je comprends
pourquoi le soleil
est masculin :
on se le tape
pendant deux mois,
du jour au
lendemain,
il disparaît,
et il revient
de temps en temps
nous mettre
un petit coup.

Le problème du bronzage, c'est que ça *pimp* les moches : c'est un canon en août mais un boulet en octobre.

Un été sans burrata, c'est comme un hiver sans raclette ou une levrette sans fessée : aucun intérêt.

J'ai bu la tasse. Bah franchement, je préfère la Tequila.

ONE LIFE, NO REGRETS, QUE DES EX.

Tu sais nager ? Alors prends le large.

En été, je suis en course de relais de charos et mon fiac c'est le bâton.

**Même bronzé,
te fais pas désirer,
t'es pas incroyable
physiquement,
sois pas exigeant
mentalement.**

REMERCIEMENTS

Merci à mes parents qui lâchent des punchlines venues d'un autre monde depuis ma plus tendre enfance. Quand j'y repense, ma mère a quand même sorti « t'es une cuvette de chiotte ambulante » à mon père pendant une de leurs disputes. Vous avez un aperçu d'où vient mon inspiration.

Merci à mes amis proches pour leur soutien qui me touche autant qu'un virement avec quatre zéros.

Merci à mon grand frère dans ce milieu, Jérémy Lorca, qui a un sens de la repartie et de la punch' magistral. En l'écoutant, je rêvais d'être aussi drôle que lui. Je ne sais pas si j'ai réussi, mais l'avoir dans ma vie est déjà bien suffisant !

Merci à Kev Adams... Continuons de faire un bout de chemin ensemble et vous comprendrez pourquoi je remercie autant ce bougre chevelu à la carrière inspirante.

Merci à mon ex, celle qui m'a fait réaliser pas mal de choses et qui m'a inspiré sur scène comme en vidéo. « Malheureusement, je t'aime » restera la plus belle punchline que tu m'aies sortie.

Et enfin **merci** à vous tous (toutes, surtout), qui m'avez découvert sur Internet ou sur scène et m'avez accordé de votre temps pour rire à des blagues.

J'ai commencé ce métier pour moi, j'avance avec vous et on écrira les futures punchlines tous ensemble.

David

Retrouvez toutes les actus de **David Voinson**
en scannant ce code !